Правила процедуры Консультативного совещания по Договору об Антарктике и Комитета по охране окружающей среды

Дата обновления: Октябрь 2024 г.

ISSN 2362-2628

Secretariat of the Antarctic Treaty
Secrétariat du Traité sur l'Antarctique
Секретариат Договора об Антарктике
Secretaría del Tratado Antártico

Правила процедуры Консультативного совещания по Договору об Антарктике и Комитета по охране окружающей среды

Дата обновления: Октябрь 2024 г.

Секретариат Договора об Антарктике

Буэнос-Айрес

2024 г.

Правила процедуры Консультативного совещания по Договору об Антарктике и Комитета по охране окружающей среды. Дата обновления: Октябрь 2024 г.

Буэнос-Айрес: Секретариат Договора об Антарктике, 2024.

48 p.

1. Международное право. 2. Система Договора об Антарктике. 3. Международные соглашения.

ISBN 978-987-8929-37-8

ISSN 2362-2628

DDC 341.2/9

Опубликовано:

Secretariat of the Antarctic Treaty
Secrétariat du Traité sur l'Antarctique
Секретариат Договора об Антарктике
Secretaría del Tratado Antártico

Maipú 757, piso 4

C1006ACI - Buenos Aires

Argentina

Тел.: +54 11 3991-4250

Данный документ также можно найти на сайте www.ats.aq (электронная версия) и приобрести через Интернет.

СОДЕРЖАНИЕ

Консультативное совещание по Договору об Антарктике (КСДА): регламент	7
Комитет по охране окружающей среды (КООС): регламент	23
Решение 4 (2017 г.): Порядок назначения Председателей Рабочих групп Консультативного совещания по Договору об Антарктике	31
Решение 1 (2016 г.): Статус наблюдателей в КООС	35
Стороны Системы Договора об Антарктике	37
Совещания	43

Пересмотренные Правила процедуры Консультативного совещания по Договору об Антарктике (принятую в 2016 г.)

1. Совещания, проводимые в соответствии со Статьей IX Договора об Антарктике, называются Консультативными совещаниями по Договору об Антарктике. Договаривающиеся Стороны, имеющие право на участие в этих Совещаниях, называются «Консультативные стороны»; другие Договаривающиеся Стороны, которые могут быть приглашены для участия в этих Совещаниях, называются «Неконсультативные стороны». Исполнительный секретарь Секретариата Договора об Антарктике называется «Исполнительный секретарь».

2. Представители Комиссии по сохранению морских живых ресурсов Антарктики, Научного комитета по антарктическим исследованиям и Совета управляющих национальных антарктических программ, приглашенные на эти Совещания в соответствии с Правилом 31, называются «Наблюдатели».

Представительство

3. Каждая Консультативная сторона представлена делегацией, состоящей из Представителя, а также Заместителей представителя, Советников и других лиц, участие которых каждое Государство сочтет необходимым. Каждая Неконсультативная сторона, приглашенная на Консультативное совещание, представлена делегацией, состоящей из Представителя и лиц, участие которых она сочтет необходимым, в количественных пределах, которые могут периодически устанавливаться Правительством принимающей Стороны по согласованию с Консультативными сторонами. Комиссия по сохранению морских живых ресурсов Антарктики, Научный комитет по антарктическим исследованиям и Совет управляющих национальных антарктических программ должны быть представлены, соответственно, своим Председателем или Президентом или другими лицами, назначенными для этой цели. Фамилии членов делегаций и Наблюдателей сообщаются Правительству принимающей Стороны до открытия Совещания.

4. Делегации указываются в алфавитном порядке на языке Стороны, принимающей Совещание, причем все делегации Неконсультативных сторон следуют за делегациями Консультативных сторон, а все делегации Наблюдателей следуют за Неконсультативными сторонами.

Должностные лица

5. Представитель Правительства принимающей Стороны является Временным председателем Совещания и выполняет председательские функции до тех пор, пока Совещание не изберет Председателя.

6. На вступительном заседании от одной из Консультативных сторон избирается Председатель. Представители других Консультативных сторон выступают в качестве Заместителей председателя в порядке очередности проведения Совещаний. Председатель обычно председательствует на всех пленарных заседаниях. Если он отсутствует на заседании или на его части, то на таком заседании на основе ротации и в алфавитном порядке, как это определено в Правиле 4, председательствуют Заместители председателя.

Секретариат

7. Исполнительный секретарь исполняет функции Секретаря Совещания. Он (она) отвечает за обеспечение административно-технической поддержки Совещания при содействии Правительства принимающей Стороны, как это предусмотрено в Статье 2 Меры 1 (2003 г.), применяемой на временной основе в соответствии с Решением 2 (2003 г.) до вступления в силу Меры 1.

Заседания

8. Первое пленарное заседание является открытым, остальные заседания являются закрытыми, если Совещание не примет иного решения.

Комитеты и Рабочие группы

9. В целях содействия своей работе Совещание может создавать комитеты, которые оно сочтет необходимыми для осуществления своих функций, и определять круг их полномочий.

10. Работа комитетов осуществляется в соответствии с Правилами процедуры Совещания, за исключением случаев, когда они неприменимы.

11. Совещание или созданные им комитеты могут создавать Рабочие группы для рассмотрения различных вопросов повестки дня. В конце каждого Консультативного Совещания при принятии предварительной повестки дня

следующего Совещания (в соответствии с положениями Правила 36) Совещание определяет предварительный порядок формирования и задействования Рабочих групп. Данный порядок включает в себя:

a) формирование Рабочей группы (Рабочих групп) для следующего Совещания;

b) назначение Председателя Рабочей группы (Председателей Рабочих групп)

c) определение пунктов повестки дня для каждой Рабочей группы.

При принятии Совещанием решения о целесообразности создания Рабочих групп на срок более одного года Председатели этих Рабочих групп сразу же могут назначаться на срок, соответствующий одному или двум очередным Совещаниям. В последующем срок назначения Председателей Рабочих групп может продлеваться еще на один или два года, но не может составлять более четырех лет подряд для одной и той же Рабочей группы.

Если Совещание не может назначить Председателей Рабочих групп для следующего Совещания, таковые назначаются в начале следующего Совещания.

Регламент

12. Две трети представителей Консультативных сторон, принимающих участие в Совещании, составляют кворум.

13. Председатель осуществляет свои должностные полномочия в соответствии с обычной практикой. Он следит за соблюдением Правил процедуры и поддержанием надлежащего порядка. Исполняя свои функции, Председатель остается подотчетным Совещанию.

14. В соответствии с Правилом 28 ни один Представитель не может выступать на Совещании без предварительного разрешения Председателя, а Председатель предоставляет делегатам слово в том порядке, в котором они заявили о своем желании выступить. Председатель может призвать выступающего к порядку, если его замечания не имеют отношения к обсуждаемому предмету.

15. Во время обсуждения любого вопроса Представитель Консультативной стороны может попросить слово по порядку ведения, и решение по порядку ведения принимается Председателем незамедлительно в

соответствии с Правилами процедуры. Представитель Консультативной стороны может опротестовать решение Председателя. Протест незамедлительно выносится на голосование, и решение Председателя остается в силе в том случае, если оно не отклоняется большинством голосов Представителей Консультативных сторон, присутствующих на заседании и участвующих в голосовании. Представитель Консультативной стороны, взявший слово по порядку ведения, не должен выступать по сути обсуждаемого вопроса.

16. Совещание может ограничить время, отведенное каждому выступающему, а также число выступлений по любому вопросу. Если дебаты были ограничены таким образом, а Представитель исчерпал время, отведенное на его выступление, Председатель незамедлительно призывает его к порядку.

17. Во время обсуждения любого вопроса Представитель Консультативной стороны может внести предложение о том, чтобы отложить его обсуждение. Помимо предложившей Стороны, Представители двух Консультативных сторон имеют право выступить за такое предложение и еще двух – против него, после чего предложение незамедлительно ставится на голосование. Председатель может ограничить время, отведенное тем, кто выступает в соответствии с настоящим Правилом.

18. Представитель Консультативной стороны может в любое время внести предложение о том, чтобы завершить обсуждение какого-либо вопроса, независимо от того, изъявил ли желание выступить какой-либо другой Представитель. Разрешение выступить по вопросу о завершении обсуждения дается только Представителям двух Консультативных сторон, выступающим против его завершения, после чего предложение незамедлительно ставится на голосование. Если Совещание примет решение о прекращении обсуждения, Председатель должен объявить дискуссию завершенной. Председатель может ограничить время, отведенное тем, кто выступает в соответствии с настоящим Правилом. (Это Правило не распространяется на обсуждения в комитетах.)

19. Во время обсуждения любого вопроса Представитель Консультативной стороны может внести предложение о том, чтобы приостановить или прервать работу Совещания. Такие предложения не выносятся на обсуждение, а незамедлительно ставятся на голосование. Председатель может ограничить время, отведенное тому, кто выступил с предложением приостановить или прервать работу Совещания.

20. При условии соблюдения Правила 15, перечисленные далее предложения имеют приоритет перед всеми другими предложениями, внесенными на рассмотрение Совещания, в указанном порядке убывания приоритета:

a) приостановить Совещание;

b) прервать Совещание;

c) отложить дебаты по обсуждаемому вопросу;

d) завершить дебаты по обсуждаемому вопросу.

21. Решения Совещания по всем процедурным вопросам принимаются большинством голосов Представителей Консультативных сторон, участвующих в Совещании, причем каждый из них имеет один голос.

Языки

22. Официальными языками Совещания являются английский, испанский, русский и французский языки.

23. Любой Представитель может выступить на языке, не входящим в число официальных. Однако в этом случае он должен обеспечить синхронный перевод своего выступления на один из официальных языков.

Меры, Решения. Резолюции и Заключительный отчет

24. Без ущерба для Правила 21 Меры, Решения и Резолюции, о которых идет речь в Решении 1 (1995 г.), принимаются Представителями всех присутствующих Консультативных сторон и в дальнейшем регулируются положениями Решения 1 (1995).

25. В Заключительном отчете содержится также краткое изложение хода работы Совещания. Он утверждается большинством голосов Представителей присутствующих Консультативных сторон, а Исполнительный секретарь направляет его на рассмотрение Правительствам всех Консультативных и Неконсультативных сторон, которые были приглашены принять участие в Совещании.

26. Несмотря на Правило 25, сразу после окончания Консультативного совещания Исполнительный секретарь уведомляет все Консультативные стороны обо всех принятых Мерах, Решениях и Резолюциях и направляет им заверенные копии окончательных формулировок на соответствующем языке Совещания. В отношении любой Меры, принятой в соответствии с процедурами, предусмотренными в Статьях 6 или 8 Приложения V к

Протоколу, в соответствующем уведомлении указывается также срок, отведенный для ее утверждения этой Меры.

Неконсультативные стороны

27. Представители Неконсультативных сторон, приглашенные на Консультативное совещание, могут присутствовать:

   a) на всех пленарных заседаниях Совещания; и

   b) на заседаниях всех официальных Комитетов или Рабочих групп, в состав которых входят все Консультативные стороны, если Представитель Консультативной стороны не потребует иного в каком-либо конкретном случае.

28. Соответствующий Председатель может предложить Представителю Неконсультативной стороны выступить на Совещании, заседании Комитета или Рабочей группы, на котором он присутствует, если Представитель какой-либо Консультативной стороны не потребует иного. При этом Председатель должен всегда отдавать приоритет Представителям Консультативных сторон, которые выражают желание выступить, и, предлагая Представителям Неконсультативных сторон выступить на Совещании, может ограничить время, отведенное каждому выступающему, и число выступлений по любому вопросу.

29. Неконсультативные стороны не имеют права участвовать в принятии решений.

30.

   a) Неконсультативные стороны могут представлять в Секретариат документы для распространения на Совещании в качестве информационных документов. Такие документы должны иметь отношение к вопросам, обсуждаемым на Совещании во время заседания Комитетов.

   b) Если Представитель Консультативной стороны не потребует иного, такие документы распространяются только на языке или языках, на которых они были представлены.

Наблюдатели в системе Договора об Антарктике

31. Наблюдатели, упомянутые в Правиле 2, присутствуют на Совещании с конкретной целью представления Докладов по следующим вопросам:

   a) в случае Комиссии по сохранению морских живых ресурсов Антарктики – развитие событий в сфере ее компетенции;

   b) в случае Научного комитета по антарктическим исследованиям:

   i) деятельность СКАР в целом;

   ii) вопросы, относящиеся к компетенции СКАР в соответствии с Конвенцией о сохранении антарктических тюленей;

   iii) публикации и отчеты, которые могли быть опубликованы или подготовлены в соответствии с Рекомендациями IX-19 и VI-9, соответственно;

   c) в случае Совета управляющих национальных антарктических программ – деятельность в сфере его компетенции.

32. Наблюдатели могут присутствовать:

   a) на пленарных заседаниях Совещания, на которых рассматривается соответствующий Доклад;

   b) на заседаниях официальных Комитетов или Рабочих групп, в состав которых входят все Договаривающиеся Стороны, где рассматривается соответствующий Доклад, если Представитель Консультативной стороны не потребует иного в каком-либо конкретном случае.

33. После представления соответствующего Доклада Председатель соответствующего заседания может предложить Наблюдателю еще раз выступить на Совещании, на котором рассматривается этот Доклад, если Представитель Консультативной стороны не потребует иного. Председатель может ограничить время, отведенное для таких выступлений.

34. Наблюдатели не имеют права участвовать в принятии решений.

35. Наблюдатели могут представить в Секретариат свой Доклад и/или документы, относящиеся к обсуждаемым в нем вопросам, для распространения на Совещании в качестве рабочих документов.

Повестка дня Консультативного совещания

36. В конце каждого Консультативного совещания Правительство принимающей Стороны готовит предварительную повестку дня следующего Консультативного совещания. Если Совещание утверждает предварительную повестку дня следующего Совещания, она прилагается к Заключительному отчету Совещания.

37. Любая Договаривающаяся Сторона может предложить дополнительные вопросы для включения в предварительную повестку дня предстоящего Консультативного совещания, сообщив об этом Правительству принимающей Стороны не позднее, чем за 180 дней до начала Совещания; каждое такое предложение должно сопровождаться пояснительной запиской. Правительство принимающей Стороны обращает внимание всех Договаривающихся Сторон на это Правило не позднее, чем за 210 дней до начала Совещания.

38. Правительство принимающей Стороны готовит проект повестки дня Консультативного совещания. В состав проекта повестки дня входят:

   a) все вопросы, включенные в предварительную повестку дня, принятую в соответствии с Правилом 36; и

   b) все вопросы, включение которых было предложено какой-либо Договаривающейся Стороной в соответствии с Правилом 37.

Не позднее, чем за 120 дней до Совещания Правительство принимающей Стороны направляет всем Договаривающимся Сторонам проект повестки дня вместе с пояснительными записками и другими относящимися к ней документами.

Эксперты от международных организаций

39. В конце каждого Консультативного совещания Совещание решает, каким международным организациям, имеющим научные или технические интересы в Антарктике, нужно предложить назначить экспертов для участия в предстоящем Совещании, чтобы они оказали содействие в его работе по существу.

40. Любая Договаривающаяся Сторона может впоследствии предложить направить приглашение в другие международные организации, имеющие научные или технические интересы в Антарктике, чтобы они оказали содействие Совещанию в его работе по существу; каждое такое предложение

направляется Правительству принимающей Стороны не позднее, чем за 180 дней до начала Совещания и сопровождается запиской с изложением оснований для такого предложения.

41. Правительство принимающей Стороны направляет эти предложения всем Договаривающимся Сторонам в соответствии с процедурой, изложенной в Правиле 38. Любая Консультативная Сторона, у которой имеются возражения против такого предложения, должна заявить об этом не позднее, чем за 90 дней до начала Совещания.

42. Если такие возражения не поступили, Правительство принимающей Стороны направляет приглашения международным организациям, определенным согласно Правилам 39 и 40, и просит каждую международную организацию сообщить фамилию назначенного эксперта Правительству принимающей Стороны до открытия Совещания. Все такие эксперты могут присутствовать на Совещании при рассмотрении всех вопросов, за исключением тех, которые относятся к работе Системы Договора об Антарктике и были определены на предыдущем Совещании или после принятия повестки дня.

43. Соответствующий Председатель с согласия всех Консультативных сторон может предложить эксперту выступить на Совещании, на котором он присутствует. Председатель должен всегда отдавать приоритет Представителям Консультативных или Неконсультативных сторон или Наблюдателям, упомянутым в Правиле 31, которые выразили желание выступить, и, предоставляя слово эксперту, может ограничить время, отведенное на его выступление, и число выступлений по любому вопросу.

44. Эксперты не имеют права участвовать в принятии решений.

45.

 a) Эксперты могут представлять в Секретариат документы, относящиеся к соответствующему пункту повестки дня, для их распространения на Совещании в качестве информационных документов.

 b) Если Представитель Консультативной стороны не потребует иного, такие документы распространяются только на том языке или языках, на которых они были представлены.

Межсессионные консультации

46. В межсессионный период Исполнительный секретарь, действуя в пределах своей компетенции, как это установлено Мерой 1 и соответствующими актами, регулирующими деятельность Секретариата, проводит консультации с Консультативными сторонами, когда это юридически необходимо в рамках соответствующих актов КСДА и когда неотложные обстоятельства требуют принятия мер до начала следующего КСДА, с соблюдением следующей процедуры:

   a) Каждая Консультативная сторона должна регулярно уведомлять Исполнительного секретаря о своем Представителе и Заместителях Представителя, уполномоченных выступать от имени свей Консультативной стороны в ходе межсессионных консультаций;

   b) Исполнительный секретарь должен вести перечень Представителей и Заместителей Представителя и следить за его актуальностью;

   c) В случае необходимости проведения межсессионных консультаций Исполнительный секретарь направляет соответствующую информацию и любые предлагаемые меры всем Консультативным сторонам через Представителей и Заместителей Представителя, назначенных ими в соответствии с вышеприведенным пунктом (a), с указанием необходимого срока предоставления ответов;

   d) Исполнительный секретарь должен убедиться в том, что все Консультативные стороны подтвердили получение такой информации;

   e) Каждая Консультативная сторона рассматривает данный вопрос и к указанному сроку направляет Исполнительному секретарю ответ, если таковой имеется, через своего Представителя или Заместителей Представителя;

   f) Исполнительный секретарь, сообщив Консультативным сторонам о результатах консультаций, может приступить к осуществлению предлагаемых мер, если ни у одной Консультативной стороны нет никаких возражений;

   g) Исполнительный секретарь ведет учет межсессионных консультаций, включая результаты таких межсессионных консультаций и принятые им/ею меры, и отражает эти результаты и меры в своем отчете, представляемом на рассмотрение КСДА.

Правила процедуры КСДА

47. в межсессионный период при получении информационного запроса о деятельности КСДА от международной организации, имеющей научный или технический интерес в Антарктике, Исполнительный секретарь должен скоординировать ответ по следующей процедуре:

a) Исполнительный секретарь должен направить запрос и первый проект ответа всем Консультативным сторонам через их Представителей или Заместителей Представителя, назначенных ими в соответствии с Правилом 46(а), с предложением предоставить ответ на запрос и указанием соответствующей даты, к которой Консультативные стороны должны либо (1) сообщить о нецелесообразности ответа, либо (2) предоставить комментарии к первоначальному проекту ответа. Указанная дата должна предусматривать разумное количество времени для предоставления комментариев с учётом сроков, установленных в первоначальных информационных запросах. Если какая-либо Консультативная сторона сообщит о нецелесообразности ответа, Исполнительный секретарь должен отправить только формальный ответ, подтверждающий получение запроса, без рассмотрения существа вопроса.

b) Если возражения по существу отсутствуют и до даты, указанной в запросе, о котором говорится выше в пункте (а), предоставлены комментарии, Исполнительный секретарь должен переработать ответ с учётом комментариев и направить переработанный ответ всем Консультативным сторонам с указанием соответствующей даты, к которой требуется предоставление ответов;

c) Если до даты, указанной в запросе, о котором говорится выше в пункте (b), предоставляются какие-либо дополнительные комментарии, Исполнительный секретарь должен повторять процедуру, описанную выше в пункте (b), до тех пор пока поступление комментариев не закончится;

d) Если до даты, указанной в запросе, о котором говорится выше в пунктах (а), (b) или (с), комментарии не предоставляются, Исполнительный секретарь должен разослать всем окончательный вариант с запросами, как оперативного цифрового подтверждения в электронном виде «прочитано», так и оперативного подтверждения в электронном виде «одобрено» от каждой Консультативной стороны с указанием даты, к которой подтверждение «одобрено» должно быть получено. Исполнительный секретарь должен осведомлять Консультативные стороны о ходе поступления подтверждений. После получения подтверждения «одобрено» от всех Консультативных сторон Исполнительный секретарь должен от имени всех Консультативных сторон подписать и отправить ответ заинтересованной международной организации и предоставить копию подписанного ответа всем Консультативным сторонам.

e) На любом этапе данного процесса любая Консультативная сторона может попросить большее количество времени на рассмотрение вопроса.

f) На любом этапе данного процесса любая Консультативная сторона может сообщить о нецелесообразности предоставления ответа на запрос. В таком случае Исполнительный секретарь должен отправить только формальный ответ, подтверждающий получение запроса, без рассмотрения существа вопроса.

Документы совещания

48. Рабочими документами должны называться документы, представленные Консультативными сторонами, которые требуют обсуждения и принятия решений на Совещании, а также документы, представленные Наблюдателями согласно положениям Правила 2.

49. Документами Секретариата должны называться документы, подготовленные Секретариатом согласно мандату, установленному на Совещании, или документы, которые, по мнению Исполнительного секретаря, помогут информировать участников Совещания или содействовать его проведению.

50. Информационными документами должны называться:

- документы, представленные Консультативными сторонами или Наблюдателями, в которых содержится информация в поддержку какого-либо Рабочего документа или информация, которую необходимо обсудить на Совещании;

- документы, представленные Неконсультативными сторонами, которые необходимо обсудить на Совещании;

- документы, представленные Экспертами, которые необходимо обсудить на Совещании.

51. Вспомогательными документами должны называться документы, представленные любым участником, которые не будут вноситься на рассмотрение на Совещании и представлены с целью формального предоставления информации.

52. Руководство по представлению, переводу и распространению документов прилагается к настоящим Правилам процедуры.

Поправки

53. Настоящие Правила процедуры могут быть изменены двумя третями голосов Представителей Консультативных сторон, принимающих участие в Совещании. Настоящее Правило не распространяется на Правила 24, 27, 29, 34, 39-42, 44 и 46, изменение которых требует согласия Представителей всех Консультативных сторон, присутствующих на Совещании.

Приложение

Руководство по представлению, переводу и распространению документов КСДА и КООС

1.   Настоящее Руководство регулирует представление, перевод и распространение официальных документов Консультативного совещания по Договору об Антарктике (КСДА) и Комитета по охране окружающей среды (КООС), к которым относятся Рабочие документы, Документы Секретариата, Информационные документы и Вспомогательные документы.

2.   В документах, представляемых на КСДА и на заседание КООС, по мере необходимости должно быть указано, какие части документа или содержащиеся в нем вопросы должны, по мнению авторов документа, обсуждаться на соответствующем заседании.

3.   Переводу подлежат следующие документы: Рабочие документы, Документы Секретариата, доклады КСДА, представленные Наблюдателями на КСДА и приглашёнными Экспертами в соответствии с положениями Рекомендации XIII-2 или в связи со Статьёй III-2 Договора об Антарктике, а также Информационные документы, по которым Консультативная сторона подала запрос на перевод. Вспомогательные документы переводу не подлежат.

4.   Объём документов, подлежащих переводу, кроме отчётов Межсессионных контактных групп (МКГ), созванных КСДА или КООС, Отчётов Председателя Совещания экспертов Договора об Антарктике, а также Отчёта и Программы Секретариата, не должен превышать 1500 слов. Объём документа рассчитывается без учёта предлагаемых Мер, Решений и Резолюций и вложений к ним.

5.   Документы, подлежащие переводу, должны быть получены Секретариатом не позднее, чем за 45 дней до начала Консультативного совещания. Если такие документы предоставляются позднее, чем за 45 дней до начала Консультативного совещания, они могут рассматриваться только при отсутствии возражений всех Консультативных сторон.

6.   Информационные документы, по которым не было запроса на перевод, и Вспомогательные документы, которые участники хотят включить в Заключительный отчёт, должны быть получены Секретариатом не позднее, чем за 30 дней до начала Совещания.

7.   По каждому документу, предоставленному Стороной Договора, Секретариат назначит Наблюдателя или Эксперта в день подачи документа.

8. Если в Секретариат вновь направляется на перевод пересмотренный вариант документа, подготовленный после его первоначального представления, в пересмотренном варианте текста должны быть чётко указаны внесённые изменения.

9. Документы следует направлять в Секретариат в электронном виде. Все документы будут размещаться на главной странице сайта КСДА, созданной Секретариатом для данного КСДА. Рабочие документы, полученные до установленного срока в 45 дней, должны быть размещены на странице в кратчайшие сроки, но в любом случае не позднее, чем за 30 дней до начала Совещания. Изначально документы будут размещаться на страницах сайта, защищённых паролем, а после завершения Совещания они будут перемещаться на страницы, не защищённые паролем.

10. Стороны могут согласиться с тем, чтобы документы, перевод которых не был запрошен, были представлены в Секретариат для перевода во время Совещания.

11. Ни один документ, представленный на КСДА, не будет использоваться в качестве основы для обсуждения на КСДА или КООС, если он не был переведён на четыре официальных языка Совещания.

12. В течение трёх месяцев после окончания Консультативного совещания Секретариат должен разместить на главной странице сайта КСДА предварительный вариант Заключительного отчёта данного Совещания на четырёх официальных языках Совещания. Данный вариант Отчёта должен иметь чёткую пометку «ПРОЕКТ» и указания о том, что он подлежит финальному форматированию и прохождению процедуры публикации.

В течение шести месяцев после окончания Консультативного совещания Секретариат должен распространить среди Сторон и разместить на главной странице сайта КСДА Заключительный отчёт данного Совещания на четырёх официальных языках Совещания.

Пересмотренные Правила процедуры Комитета по охране окружающей среды (2023 г.)

Правило 1

Если не указано иное, применяются Правила процедуры Консультативного совещания по Договору об Антарктике.

Правило 2

Для целей настоящих Правил процедуры:

a) выражение «Протокол» означает Протокол по охране окружающей среды к Договору об Антарктике, подписанный в Мадриде 4 октября 1991 г.;
b) выражение «Стороны» означает Стороны Протокола;
c) выражение «Комитет» означает Комитет по охране окружающей среды, как он определен в статье 11 Протокола;
d) выражение «Секретариат» означает Секретариат Договора об Антарктике.

Часть I Представители и эксперты

Правило 3

Каждая Сторона Протокола имеет право быть членом Комитета и назначать представителя, которого могут сопровождать эксперты и советники с соответствующей научной, экологической или технической компетенцией.

Перед каждым совещанием Комитета каждый член Комитета должен как можно раньше уведомить Правительство принимающей Стороны этого совещания об имени и назначении каждого представителя, а до или в начале совещания – об имени и назначении каждого эксперта и советника.

Часть II Наблюдатели и консультации

Правило 4

Статус Наблюдателя в Комитете предоставляется:

a) любой Договаривающейся Стороне Договора об Антарктике, которая не является Стороной Протокола;
b) Президенту Научного комитета по антарктическим исследованиям, Председателю Научного комитета Комиссии по сохранению морских живых ресурсов Антарктики и Председателю Совета управляющих национальных антарктических программ или назначенным ими представителям;
c) при условии специального одобрения Консультативного совещания по Договору об Антарктике, прочим соответствующим научным, экологическим и техническим организациям, которые могут внести свой вклад в работу Комитета.

Правило 5

Перед каждым совещанием Комитета каждый наблюдатель как можно раньше уведомляет Правительство принимающей Стороны этого совещания об имени и назначении своего представителя, участвующего в совещании.

Правило 6

Наблюдатели могут участвовать в обсуждениях, но не участвуют в принятии решений.

Правило 7

При выполнении своих функций Комитет по мере необходимости консультируется с Научным комитетом по антарктическим исследованиям, Научным комитетом Комиссии по сохранению морских живых ресурсов Антарктики, Советом управляющих национальных антарктических программ и прочими соответствующими научными, экологическими и техническими организациями.

Правило 8

Комитет по мере необходимости может обращаться за консультацией к экспертам.

Часть III Совещания

Правило 9

Комитет собирается один раз в год, как правило и желательно одновременно с Консультативным совещанием по Договору об Антарктике и в том же месте. С согласия КСДА и для выполнения своих функций Комитет может также собираться в период между ежегодными совещаниями.

Комитет может создавать неформальные открытые контактные группы для изучения отдельных вопросов и предоставления отчетов Комитету.

Открытые контактные группы, созданные для проведения работ в период между совещаниями, действуют следующим образом:

a) при необходимости координатор контактной группы утверждается Комитетом на его совещании и указывается в его заключительном отчете;
b) при необходимости техническое задание контактной группы согласовывается Комитетом и включается в его заключительный отчет;
c) при необходимости способы связи для контактной группы, такие как электронная почта, дискуссионный онлайн-форум, поддерживаемый Секретариатом, и неофициальные встречи, согласовываются Комитетом и включаются в его заключительный отчет;
d) представители, желающие участвовать в контактной группе, должны заявить о своей заинтересованности координатору через дискуссионный форум, по электронной почте или другими соответствующими способами;
e) координатор должен использовать соответствующие средства связи для информирования всех членов группы о составе контактной группы;
f) вся корреспонденция должна своевременно предоставляться всем членам контактной группы; и
g) при предоставлении комментариев члены контактной группы должны указать, от лица кого они говорят.

Комитет может также принять решение о создании прочих неофициальных подгрупп или рассмотреть иные способы взаимодействия, такие как, помимо прочего, семинары и видеоконференции.

Правило 10

По мере необходимости и с одобрения Консультативного совещания по Договору об Антарктике Комитет может учреждать вспомогательные органы.

Такие вспомогательные органы действуют на основе применимых Правил процедуры Комитета.

Правило 11

Правила процедуры подготовки Повестки дня Консультативного совещания по Договору об Антарктике применяются к совещаниям Комитета с необходимыми изменениями.

Перед каждым совещанием любого вспомогательного органа Секретариат, проконсультировавшись с Председателями Комитета и вспомогательного органа, готовит и распространяет предварительную аннотированную повестку дня.

Часть IV Подача документов

Правило 12

1. Рабочие документы относятся к документам, представленным Членами Комитета, которые требуют обсуждения и принятия мер на Совещании, и документам, представленным Наблюдателями, упомянутыми в правиле 4(b).

2. Под Документами Секретариата подразумеваются документы, подготовленные Секретариатом в соответствии с мандатом, установленным на Совещании, или которые, по мнению Исполнительного секретаря, будут способствовать информированию Совещания или будут помогать в его работе.

3. Информационные документы относятся к:

- документам, представленным Членами Комитета или Наблюдателями, упомянутыми в Правиле 4(b), которые предоставляют информацию в поддержку Рабочего документа или имеют отношение к обсуждениям на Совещании;
- документам, представленным Наблюдателями, упомянутым в Правиле 4(a), которые имеют отношение к обсуждениям на Совещании; и
- документам, представленным Наблюдателями, упомянутым в Правиле 4(c), которые имеют отношение к обсуждениям на Совещании.

4. Вспомогательные документы относятся к документам, представленным любым участником, которые не будут представлены на Совещании, но представляются с целью официального предоставления информации.

5. Процедуры представления, перевода и распространения документов приложены к Правилам процедуры КСДА.

Часть V Советы и рекомендации

Правило 13

Комитет должен пытаться достигать консенсуса по рекомендациям и советам, которые он должен предоставить в соответствии с Протоколом.

В случае невозможности достижения консенсуса Комитет излагает в своем отчет все высказанные мнения по рассматриваемому вопросу.

Часть VI Решения

Правило 14

В случае необходимости принятия решений решения по вопросам существа принимаются на основе консенсуса членов Комитета, участвующих в совещании. Решения по процедурным вопросам принимаются простым большинством присутствующих и участвующих в голосовании членов Комитета. Каждый член Комитета имеет один голос. Любой вопрос о том, является ли вопрос процедурным, решается на основе консенсуса.

Часть VII Председатель и Заместители председателя

Правило 15

Комитет избирает Председателя и двух Заместителей председателя из числа Консультативных сторон. Председатель и Заместители председателя избираются сроком на два ежегодных совещания Комитета, и, по возможности, сроки их полномочий не должны совпадать.

Председатель и Заместители председателя не могут быть переизбраны на свои посты более чем на один дополнительный срок, состоящий из двух совещаний. Председатель и Заместители председателя не должны быть представителями одной и той же Стороны.

Заместитель председателя, который был Заместителем председателя в течение более длительного периода времени (в сумме, считая любой предыдущий срок полномочий), становится первым Заместителем председателя.

Если оба Заместителя председателя назначаются впервые на одном и том же совещании, Комитет определяет, какой Заместитель председателя избирается первым Заместителем председателя.

Кандидаты на пост Председателя и Заместителей председателя выдвигаются в соответствии со следующей процедурой.

- a) Не менее чем за 180 дней до открытия совещания Комитета, на котором потребуется провести выборы, Председатель издает циркуляр со следующими целями:
  - напомнить Членам, что будут выборы;

- если текущий Председатель или Заместители председателя находятся на исходе своего первого срока, спросить Членов о желании избраться на второй срок; и

- предложить кандидатуры на должность(-и).

b) Желательно, чтобы Члены представляли кандидатуры в Секретариат не менее чем за 60 дней до начала совещания Комитета. Кандидаты должны:

- быть из числа Консультативных Сторон Договора об Антарктике;

- иметь глубокие знания о работе системы Договора об Антарктике, практике и работе Комитета, а также о вопросах, находящихся на рассмотрении Комитета;

- иметь поддержку своей Стороны для выполнения этой роли в течение по крайней мере одного срока, охватывающего два ежегодных совещания Комитета; и

- соответствовать требованию о том, что Председатель и Заместители председателя должны быть представителями разных Сторон.

c) Перед Совещанием Председатель издает циркуляр с кратким изложением результатов любого объявления о выдвижении кандидатур.

При проведении выборов соблюдается следующий порядок:

a) Для действительности выборов необходим кворум.

b) Каждый Член будет иметь право на один голос (в каждом туре голосования, если требуется несколько туров).

c) Исход выборов будет решаться простым большинством присутствующих и участвующих в голосовании Членов.

d) В случае наличия более двух кандидатов на должность проводятся туры голосования с исключением в каждом туре кандидата, набравшего наименьшее количество голосов.

Правило 16

Помимо прочих обязанностей, Председатель имеет следующие полномочия и обязанности:

a) созывать, открывать, председательствовать и закрывать каждое совещание Комитета;

b) принимать решения по порядку ведения каждого совещания

Комитета при условии, что каждый представитель сохраняет за собой право потребовать, чтобы любое такое решение было представлено Комитету для утверждения;

c) утверждать предварительную повестку дня совещания после консультации с Представителями;

d) подписывать от имени Комитета отчет о каждом совещании;

e) представлять упомянутый в Правиле 22 отчет о каждом совещании Комитета Консультативному совещанию по Договору об Антарктике;

f) при необходимости инициировать межсессионную работу; и

g) по согласованию с Комитетом представлять Комитет на других форумах.

Правило 17

Всякий раз, когда Председатель не может действовать, первый Заместитель председателя принимает на себя его полномочия и обязанности.

Всякий раз, когда и Председатель, и первый Заместитель председателя не могут действовать, второй Заместитель председателя берет на себя полномочия и обязанности Председателя.

Правило 18

Если должность Председателя становится вакантной между совещаниями, первый Заместитель председателя осуществляет полномочия и обязанности Председателя до избрания нового Председателя.

Если должности как Председателя, так и первого Заместителя председателя становятся вакантными в период между совещаниями, второй Заместитель председателя осуществляет полномочия и обязанности Председателя до тех пор, пока не будет избран новый Председатель.

Правило 19

Председатель и Заместители председателя приступают к выполнению своих функций по завершении совещания Комитета, на котором они были избраны.

Часть VIII Административные объекты

Правило 20

Как правило, Комитет и любые вспомогательные органы пользуются административными объектами Правительства, которое соглашается проводить его совещания на своей территории.

Часть IX Языки

Правило 21

Английский, французский, русский и испанский языки являются официальными языками Комитета и, в соответствующих случаях, вспомогательных органов, упомянутых в правиле 10.

Часть X Записи и отчеты

Правило 22

Комитет представляет отчет о каждом из своих совещаний Консультативному совещанию по Договору об Антарктике. Отчет охватывает все вопросы, рассмотренные на совещании Комитета, а также вопросы, рассмотренные на межсессионных совещаниях и поднятые при работе вспомогательных органов, если это применимо, и содержит все высказанные мнения. Отчет также должен включать полный список официально распространенных Рабочих, Информационных и Вспомогательных документов. Отчет должен быть представлен Консультативному совещанию по Договору об Антарктике на официальных языках. Отчет должен быть выслан Сторонам и наблюдателям, присутствующим на совещании, после чего должен стать общедоступным.

Часть XI Поправки

Правило 23

Комитет может принимать поправки к настоящим правилам процедуры, которые подлежат утверждению Консультативным совещанием по Договору об Антарктике.

.

Решение 4 (2017 г.): Порядок назначения Председателей Рабочих групп Консультативного совещания по Договору об Антарктике

Представители,

напоминая о том, что Правило 11 пересмотренных Правил процедуры Консультативного совещания по Договору об Антарктике, приложенных к Решению 2 (2015 г.) (далее - Правила процедуры), наделяет Консультативное совещание по Договору об Антарктике (далее - КСДА) правом учреждения Рабочих групп и назначения Председателей Рабочих групп;

отмечая, что в Правиле 11 Правил процедуры ничего не говорится об организационных вопросах назначения Председателей Рабочих групп;

напоминая о том, что на XXXIX КСДА (2016 г.) было принято решение разработать Порядок назначения Председателей Рабочих групп;

принимают следующее решение: отбор соискателей и назначение Председателей Рабочих групп осуществляются в соответствии с представленным ниже порядком:

1. Не менее чем за 180 дней до проведения каждого Консультативного совещания по Договору об Антарктике (далее - КСДА) Секретариат Договора об Антарктике (далее - Секретариат) проводит консультации со всеми Председателями Рабочих групп, назначенными на предыдущем Совещании, на предмет их готовности возглавлять Рабочую группу, если они соответствуют критериям Правила 11 пересмотренных Правил процедуры Консультативного совещания по Договору об Антарктике, приложенных к Решению 2 (2015 г.) (далее - Правила процедуры).

2. Не менее чем за 120 дней до проведения каждого КСДА Секретариат выпустит циркуляр, чтобы:

a) напомнить Консультативным Сторонам о предварительных договорённостях в отношении Рабочих групп, определённых на предыдущем Совещании в соответствии с Правилом 11 Правил процедуры, в том числе о:

i. созданных Рабочих группах;

ii. назначенных председателях Рабочих групп; а также

iii. распределении пунктов повестки дня для каждой Рабочей группы;

а также

b) уведомить Консультативные Стороны:

i. о тех предварительно назначенных Председателях Рабочих групп, которые сообщили, что на предстоящем Совещании или после него не смогут занимать должность председателя Рабочей группы, или которые не соответствуют критериям для продолжения работы в качестве Председателя конкретной Рабочей группы после предстоящего Совещания в соответствии с Правилом 11 Правил процедуры; а также

ii. о том, в течение скольких последовательно проведённых Совещаний другие ныне действующие Председатели Рабочих групп выполняли функции Председателя в одной и той же Рабочей группе и на сколько лет они были назначены;

а также

(c) в случаях предположительного возникновения вакансий обратиться к Консультативным сторонам с просьбой представить кандидатуры на должности Председателей Рабочих групп не позднее чем за 60 дней до начала КСДА, указав, что в каждом представлении:

i. должна содержаться кандидатура лица, обладающего хорошими практическими знаниями Системы Договора об Антарктике, практических сторон работы КСДА и рассматриваемых вопросов;

ii. должно быть указано, что соответствующая Сторона выразила поддержку своему кандидату на эту должность, по крайней мере на следующем Совещании и, возможно, на срок до 4 лет, отмечая требование к Председателям Рабочих групп участвовать в ежегодных Совещаниях и надлежащим образом готовиться к ним, а также быть готовыми взять на себя руководство или координацию деятельности в межсессионный период; а также

iii. должна быть указана предметная область (области), на которую выдвигается кандидат, с учётом того, что на предстоящем Совещании может быть принято решение о создании новых или иных Рабочих групп.

3. До начала КСДА Секретариат выпускает дополнительный Циркуляр, в котором подводятся итоги представления кандидатур.

4. На КСДА в рамках пункта повестки дня, касающегося выборов должностных лиц и создания Рабочих групп, Председатель КСДА:

a) напоминает Консультативным Сторонам о необходимости создания Рабочих групп и назначения Председателей Рабочих групп в соответствии с Правилом 11 Правил процедуры КСДА;

b) сообщает о Председателях Рабочих групп, предварительно назначенных в конце предыдущего Совещания, и об их готовности занимать эту должность на текущем Совещании;

c) если какой-либо Председатель Рабочей группы, предварительно назначенный в конце предыдущего Совещания, более не может занимать эту должность, сообщает о том, были ли получены представления каких-либо кандидатур до проведения Совещания; а также

d) предлагает представить кандидатуры, а если на какую-либо вакантную должность представлены две кандидатуры или больше, применяется процедура, описанная в пунктах 5(c)-(f) ниже.

5. На КСДА в рамках пункта повестки дня, касающегося организации следующего Совещания, Консультативные Стороны, насколько это практически возможно, используют следующую процедуру для назначения председателя (а также при необходимости сопредседателя или сопредседателей) какой-либо Рабочей группы, предварительно создаваемой для последующего Совещания:

a) Председатель кратко излагает текущую ситуацию в отношении готовности и соответствия критериям нынешних председателей Рабочих групп для работы на следующем КСДА и сообщает о поступивших в Секретариат других кандидатурах и выражениях заинтересованности;

b) Председатель предлагает сообщить о наличии заинтересованности или представить кандидатуры во время проведения Совещания;

c) для признания выборов состоявшимися необходим кворум;

d) каждая Консультативная сторона имеет право на один голос (в каждом туре голосования, если требуется несколько туров);

e) решение о результате выборов принимается простым большинством голосов присутствующих и участвующих в голосовании Консультативных сторон; а также

f) при наличии более двух кандидатов на должность Председателя Рабочей группы проводится несколько туров голосования с выбыванием кандидата, набравшего наименьшее количество голосов, в каждом туре.

6. При назначении Председателей Рабочих групп по возможности:

a) устанавливается постепенная сменяемость с разными сроками пребывания на посту Председателей различных Рабочих групп для обеспечения преемственности опыта Председателей Рабочих групп на всех КСДА; а также

b) несколько Председателей Рабочих групп не могут быть представителями от одной и той же Стороны, и при назначении обеспечивается гендерное и географическое разнообразие.

Решение 1 (2016 г.): Статус наблюдателей в Комитете по охране окружающей среды

Представители,

действуя в соответствии с рекомендацией Комитета по охране окружающей среды (КООС);

на основании Решения 1 (2000 г.) по вопросу подтверждения статуса наблюдателей в отношении ряда организаций;

принимают следующее решение:

В соответствии с положениями Правила 4c Правил процедуры Комитета по охране окружающей среды подтвердить статус наблюдателей в КООС до принятия Консультативным совещанием по Договору об Антарктике иного решения следующим организациям: АСОК, МААТО, МГО, МГЭИК, МСОП, ЮНЕП и ВМО.

Стороны

Изначально Договор подписали двенадцать стран, которые осуществляли деятельность в Антарктике в течение Международного геофизического года 1957-58 гг., а затем приняли приглашение Правительства Соединенных Штатов Америки принять участие в дипломатической конференции в Вашингтоне в 1959 г., в ходе которой состоялись переговоры по Договору об Антарктике. Эти Стороны имеют право участвовать в совещаниях, предусмотренных Статьей IX Договора (Консультативные совещания по Договору об Антарктике, КСДА).

После 1959 года, Договор сопровождается другими 45 государств. Согласно пункту 2 Статьи IX, они имеют право участвовать в Консультативных совещаниях в течение того времени, пока они проявляют свою заинтересованность в Антарктике *«проведением там существенной научно-исследовательской деятельности»*. В соответствии с этим положением Семнадцать присоединившихся стран получили подтверждение своей деятельности в Антарктике, вследствие чего в настоящее время насчитывается в общей сложности 28 девять Консультативных сторон. Остальные двадцать три Неконсультативных сторон приглашаются присутствовать на Консультативных совещаниях, но не участвуют в принятии решений.

В таблице ниже представлена следующая информация:

- День, когда Договор вступил в силу для каждой Стороны. Для Сторон, изначально подписавших Договор, – это 23 июня 1961 г. Для стран, присоединившихся к Договору позднее, – это день, когда они внесли свои документы о присоединении к Договору.
- Консультативный статус первоначальных участников (отмеченных звёздочкой *), который является постоянным, отсчитывается со дня вступления Договора в силу: 23 июня 1961 г. Для остальных Сторон указан день, когда КСДА подтвердило консультативный статус данной Стороны.
- День, когда Протокол по охране окружающей среды вступил в силу для каждой Стороны. Протокол изначально вступил в силу 14 января 1998 г.
- Страны, являющиеся Сторонами Конвенции о сохранении тюленей Антарктики (КОАТ) или Конвенции о сохранении морских живых ресурсов Антарктики (АНТКОМ), отмечены «галочкой».

Страна	Вступление в силу	Консультативный статус	Протокол по охране окружающей среды	КОАТ	АНТКОМ
Австралия*	23 Июн 1961	23 Июн 1961	14 Янв 1998	X	X
Австрия	25 Авг 1987		26 Авг 2021		
Аргентина*	23 Июн 1961	23 Июн 1961	14 Янв 1998	X	X
Беларусь	27 Дек 2006		15 Авг 2008		
Бельгия*	23 Июн 1961	23 Июн 1961	14 Янв 1998	X	X
Болгария	11 Сен 1978	05 Июн 1998	21 Май 1998		X
Бразилия	16 Май 1975	27 Сен 1983	14 Янв 1998	X	X
Великобритания*	23 Июн 1961	23 Июн 1961	14 Янв 1998	X	X
Венгрия	27 Янв 1984				
Венецуэла	24 Мар 1999		31 Авг 2014		
Гватемала	31 Июл 1991				
Германия	05 Фев 1979	03 Мар 1981	14 Янв 1998	X	X
Греция	08 Янв 1987		14 Янв 1998		X
Дания	20 Май 1965				
Индия	19 Авг 1983	12 Сен 1983	14 Янв 1998		X

Страна	Вступление в силу	Консультативный статус	Протокол по охране окружающей среды	КОАТ	АНТКОМ
Исландия	13 Окт 2015				
Испания	31 Мар 1982	21 Сен 1988	14 Янв 1998		X
Италия	18 Мар 1981	05 Окт 1987	14 Янв 1998	X	X
Казахстан	27 Янв 2015				
Канада	04 Май 1988		13 Дек 2003	X	X
Китай	08 Июн 1983	07 Окт 1985	14 Янв 1998		X
Колумбия	31 Янв 1989		14 Мар 2020		
Корея демократическая	21 Янв 1987				
Корея; республика	28 Ноя 1986	09 Окт 1989	14 Янв 1998		X
Коста-Рика	11 Авг 2022				
Куба	16 Авг 1984				
Малайзия	31 Окт 2011		14 Сен 2016		
Монако	31 Май 2008		31 Июл 2009		
Монголия	23 Мар 2015				
Нидерланды	30 Мар 1967	19 Ноя 1990	14 Янв 1998		X
Новая Зеландия*	23 Июн 1961	23 Июн 1961	14 Янв 1998		X

Страна	Вступление в силу	Консультативный статус	Протокол по охране окружающей среды	КОАТ	АНТКОМ
Норвегия*	23 Июн 1961	23 Июн 1961	14 Янв 1998	X	X
Пакистан	01 Мар 2012		31 Мар 2012		X
Папуа Новая Гвинея	16 Мар 1981				
Перу	10 Апр 1981	09 Окт 1989	14 Янв 1998		X
Польша	23 Июн 1961	29 Июл 1977	14 Янв 1998	X	X
Португалия	29 Янв 2010		10 Окт 2014		
Российская Федерация*	23 Июн 1961	23 Июн 1961	14 Янв 1998	X	X
Румыния	15 Сен 1971		05 Мар 2003		
Сан-Марино	14 Фев 2023				
Саудовская Аравия	22 Май 2024				
Словакия	01 Янв 1993				
Словения	22 Апр 2019				
Соединенные Штаты Америки*	23 Июн 1961	23 Июн 1961	14 Янв 1998	X	X
Турция	24 Янв 1996		27 Окт 2017		

Страна	Вступление в силу	Консультативный статус	Протокол по охране окружающей среды	КОАТ	АНТКОМ
Украина	28 Окт 1992	04 Июн 2004	24 Июн 2001		X
Уругвай	11 Янв 1980	07 Окт 1985	14 Янв 1998		X
Финляндия	15 Май 1984	20 Окт 1989	14 Янв 1998		X
Франция*	23 Июн 1961	23 Июн 1961	14 Янв 1998	X	X
Чешская Республика	14 Июн 1962	01 Апр 2014	24 Сен 2004		
Чили*	23 Июн 1961	23 Июн 1961	14 Янв 1998	X	X
Швейцария	15 Ноя 1990		01 Июн 2017		
Швеция	24 Апр 1984	21 Сен 1988	14 Янв 1998		X
Эквадор	15 Сен 1987	19 Ноя 1990	14 Янв 1998		
Эстония	17 Май 2001				
Южная Африка*	23 Июн 1961	23 Июн 1961	14 Янв 1998	X	X
Япония*	23 Июн 1961	23 Июн 1961	14 Янв 1998	X	X

Совещания

Каждый год двенадцать Сторон, первоначально подписавших Договор, и те Стороны, которые проявляют свою заинтересованность в Антарктике «проведением там существенной научно-исследовательской деятельности» – вместе называемые Консультативными сторонами – встречаются «*с целью обмена информацией, взаимных консультаций по вопросам Антарктики, представляющим общий интерес, а также разработки, рассмотрения и рекомендации своим правительствам мер, содействующих осуществлению принципов и целей настоящего Договора*» (Ст. IX). Это Консультативное совещание по Договору об Антарктике (КСДА).

В 1998 г., в год вступления в силу Протокола по охране окружающей среды к Договору об Антарктике, был создан Комитет по охране окружающей среды (КООС). Заседания КООС обычно проводятся одновременно с КСДА для решения вопросов, связанных с охраной и рациональным использованием окружающей среды, и предоставления рекомендаций КСДА. Помимо очередных Консультативных совещаний и заседаний КООС, Консультативные стороны также созывают Специальные консультативные совещания по Договору об Антарктике и Совещания экспертов для рассмотрения конкретных проблем.

Совещания	Даты	Страна
КСДА 46 - КООС 26	20 - 30 Май 2024	Кочин, Индия
КСДА XLV - КООС XXV	29 Май - 8 Июн 2023	Хельсинки, Финляндия
КСДА XLIV - КООС XXIV	23 Май - 2 Июн 2022	Берлин, Германия
КСДА XLIII - КООС XXIII	14 – 24 Июн 2021	Париж, Франция
КСДА XLII - КООС XXII	1 - Июл 2019	Прага, Чешская Республика
КСДА XLI - КООС XXI	13 - Май 2018	Буэнос-Айрес, Аргентина
КСДА XL - КООС XX	22 Май - 01 Июн 2017	Пекин, Китай

Совещания	Даты	Страна
КСДА XXXIX - КООС XIX	23 Май - 01 Июн 2016	Сантиаго, Чили
КСДА XXXVIII - КООС XVIII	01 - 10 Июн 2015	София, Болгария
КСДА XXXVII - КООС XVII	28 Апр - 07 Май 2014	Бразилиа, Бразилия
КСДА XXXVI - КООС XVI	20 - 29 Май 2013	Брюссель, Бельгия
КСДА XXXV - КООС XV	11 - 20 Июн 2012	Хобарт, Австралия
КСДА XXXIV - КООС XIV	20 Июн - 01 Июл 2011	Буэнос-Айрес, Аргентина
КСДА XXXIII - КООС XIII	03 - 14 Май 2010	Пунта-дель-Эсте, Уругвай
СЭ Изменение климата	06 - 09 Апр 2010	Сволбер, Норвегия
СЭ морской туризм	09 - 11 Дек 2009	Веллингтоне, Новая Зеландия
КСДА XXXII - КООС XII	06 - 17 Апр 2009	Балтимор, Соединенные Штаты Америки
КСДА XXXI - КООС XI	02 - 13 Июн 2008	Киев, Украина
КСДА XXX - КООС X	30 Апр - 11 Май 2007	Нью-Дели, Индия
КСДА XXIX - КООС IX	12 - 23 Июн 2006	Эдинбург, Великобритани я
КСДА XXVIII - КООС VIII	06 - 17 Июн 2005	Стокгольм, Швеция
КСДА XXVII - КООС VII	24 Май - 04 Июн 2004	Кейптаун, Южная Африка
СЭ Туризм	22 - 25 Мар 2004	Тремсе, Норвегия
КСДА XXVI- КООС VI	09 - 20 Июн 2003	Мадрид, Испания

Совещания

Совещания	Даты	Страна
КСДА XXV - КООС V	10 - 20 Сен 2002	Варшава, Польша
КСДА XXIV - КООС IV	09 - 20 Июл 2001	С-нкт Петербург, Российская Федерация
СКСДА XII - КООС III	11 - 15 Сен 2000	Гага, Нидерланды
СЭ Судоходство	17 - 19 Апр 2000	Лондон, Великобритания
КСДА XXIII - КООС II	24 Май - 04 Июн 1999	Лима, Перу
КСДА XXII - КООС I	25 Май - 05 Июн 1998	Тремсе, Норвегия
КСДА XXI	19 - 30 Май 1997	Крайстчерч, Новая Зеландия
КСДА XX	29 Апр - 10 Май 1996	Утрехт, Нидерланды
КСДА XIX	08 - 19 Май 1995	Сеул, Корея; республика
КСДА XVIII	11 - 22 Апр 1994	Киото, Япония
КСДА XVII	11 - 20 Ноя 1992	Венеция, Италия
СЭ Мониторинг окружающей среды	01 - 04 Июн 1992	Буэнос-Айрес, Аргентина
КСДА XVI	07 - 18 Окт 1991	Бонн, Германия
СКСДА XI-4	03 - 04 Окт 1991	Мадрид, Испания
СКСДА XI-3	17 - 22 Июн 1991	Мадрид, Испания
СКСДА XI-2	22 - 30 Апр 1991	Мадрид, Испания
СКСДА XI-1	19 Ноя - 06 Дек 1990	Винья дел Мар, Чили
СКСДА X	19 Ноя 1990	Винья дел Мар, Чили
КСДА XV	09 - 20 Окт 1989	Париж, Франция
СКСДА IX	09 Окт 1989	Париж, Франция

Правила процедуры КСДА и КООС

Совещания	Даты	Страна
СЭ Безопасность полетов	02 - 05 Май 1989	Париж, Франция
СКСДА VIII	20 - 21 Сен 1988	Париж, Франция
Конф. Анализ действия КОАТ	12 - 16 Сен 1988	Лондон, Великобритания
СКСДА IV-12	02 Май - 02 Июн 1988	Веллингтон, Новая Зеландия
СКСДА IV-11	18 - 29 Янв 1988	Веллингтон, Новая Зеландия
КСДА XIV	05 - 16 Окт 1987	Рио де Жанейро, Бразилия
СКСДА VII	05 Окт 1987	Рио де Жанейро, Бразилия
СКСДА IV-10	11 - 20 Май 1987	Монтевидео, Уругвай
СКСДА IV-9	27 Окт - 12 Ноя 1986	Токио, Япония
СКСДА IV-8	14 - 25 Апр 1986	Гобарт, Австралия
КСДА XIII	08 - 18 Окт 1985	Брюссель, Бельгия
СКСДА VI	07 Окт 1985	Брюссель, Бельгия
СКСДА IV-7	23 Сен - 04 Окт 1985	Париж, Франция
СКСДА IV-6	26 Фев - 08 Мар 1985	Рио де Жанейро, Бразилия
СКСДА IV-5	23 - 31 Май 1984	Токио, Япония
СКСДА IV-4	18 - 27 Янв 1984	Вашингтон, Соединенные Штаты Америки
КСДА XII	13 - 27 Сен 1983	Канберра, Австралия
СКСДА V	12 Сен 1983	Канберра, Австралия
СКСДА IV-3	11 - 22 Июл 1983	Бонн, Германия

Совещания	Даты	Страна
СКСДА IV-2	17 - 28 Янв 1983	Веллингтон, Новая Зеландия
СКСДА IV-1	14 - 25 Июн 1982	Веллингтон, Новая Зеландия
КСДА XI	23 Июн - 07 Июл 1981	Буэнос-Айрес, Аргентина
СКСДА III	03 Мар 1981	Буэнос-Айрес, Аргентина
Конф. АНТКОМ	07 - 20 Май 1980	Канберра, Австралия
СКСДА II-3	05 - 06 Май 1980	Канберра, Австралия
КСДА X	17 Сен - 05 Окт 1979	Вашингтон, Соединенные Штаты Америки
СЭ Телеком 3	11 - 15 Сен 1978	Вашингтон, Соединенные Штаты Америки
СКСДА II-2	17 - 28 Июл 1978	Буэнос-Айрес, Аргентина
СКСДА II-1	27 Фев - 10 Мар 1978	Канберра, Австралия
КСДА IX	19 Сен - 07 Окт 1977	Лондон, Великобритания
СКСДА I	25 - 29 Июл 1977	Лондон, Великобритания
КСДА VIII	09 - 20 Июн 1975	Осло, Норвегия
КСДА VII	30 Окт - 10 Ноя 1972	Веллингтон, Новая Зеландия
Конф. КОАТ	03 - 11 Фев 1972	Лондон, Великобритания
КСДА VI	19 - 31 Окт 1970	Токио, Япония
СЭ Телеком 2	01 - 12 Сен 1969	Буэнос-Айрес, Аргентина
КСДА V	18 - 29 Ноя 1968	Париж, Франция
СЭ Логистика	03 - 08 Июн 1968	Токио, Япония

Совещания	Даты	Страна
КСДА IV	03 - 18 Ноя 1966	Сантиаго, Чили
КСДА III	02 - 13 Июн 1964	Брюссел, Бельгия
СЭ Телеком 1	24 - 28 Июн 1963	Вашингтон, Соединенные Штаты Америки
КСДА II	18 - 28 Июл 1962	Буэнос-Айрес, Аргентина
КСДА I	10 - 24 Июл 1961	Канберра, Австралия
Конф. Антарктика	15 Окт - 01 Дек 1959	Вашингтон, Соединенные Штаты Америки

www.ingramcontent.com/pod-product-compliance
Lightning Source LLC
LaVergne TN
LVHW081456060526
838201LV00051BA/1815